məktəb - escola   2
səyahət - viatge   5
nəqliyyat - transport   8
şəhər - ciutat   10
mənzərə - paisatge   14
restoran - restaurant   17
supermarket - supermercat   20
içkilər - begudes   22
yemək - menjar   23
ferma - granja   27
ev - casa   31
qonaq otağı - sala d'estar   33
mətbəx - cuina   35
hamam otağı - bany   38
uşaq otaqı - cambra de nen   42
geyim - roba   44
ofis - oficina   49
iqtisadiyyat - economia   51
peşə - oficis   53
alətlər - eines   56
musiqi alətləri - instrument de música   57
zoopark - zoo   59
idman - esports   62
fəaliyyət - activitats   63
ailə - família   67
bədən - cos   68
xəstəxana - hospital   72
fövqəladə hallar - urgència   76
Yer kürəsi - terra   77
saat - rellotge   79
həftə - setmana   80
il - any   81
formalar - formes   83
rənglər - colors   84
əksinə - oposats   85
ədədlər - nombres   88
dillər - llengües   90
kim / nə / necə - qui / què / com   91
harada - on   92

Impressum
Verlag: BABADADA GmbH, Nedderfeld 112 , 22529 Hamburg
Geschäftsführer / Verlagsleitung: Harald Hof
Druck: Books on Demand GmbH, In de Tarpen 42, 22848 Norderstedt

Imprint
Publisher: BABADADA GmbH, Nedderfeld 112 , 22529 Hamburg, Germany
Managing Director / Publishing direction: Harald Hof
Print: Books on Demand GmbH, In de Tarpen 42, 22848 Norderstedt

məktəb
escola

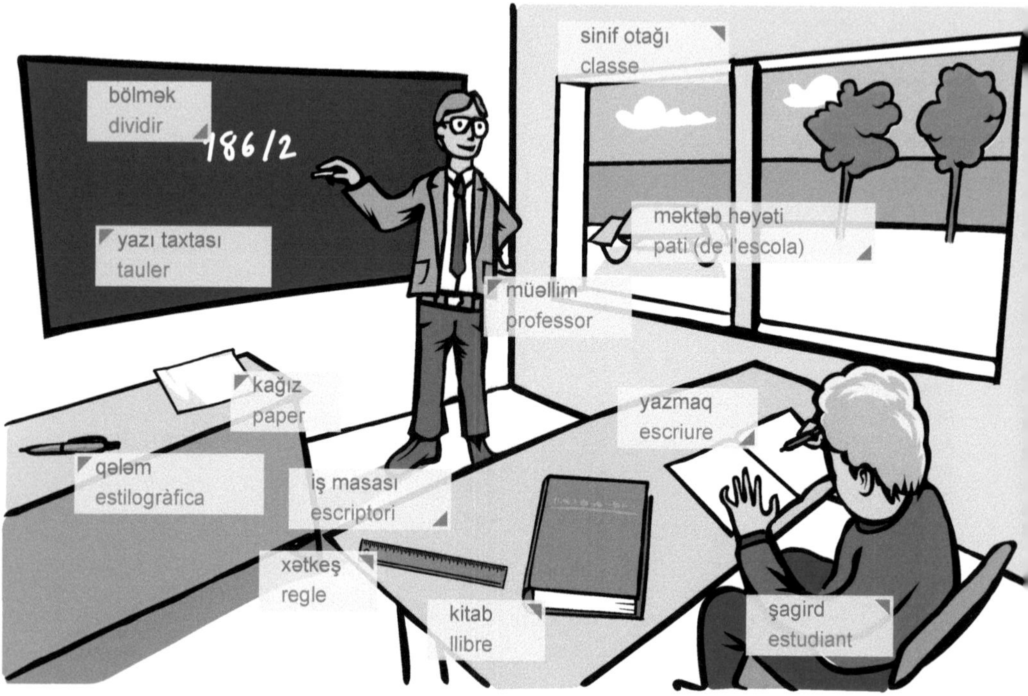

sinif otağı
classe
bölmək
dividir
186/2
yazı taxtası
tauler
məktəb həyəti
pati (de l'escola)
müəllim
professor
kağız
paper
yazmaq
escriure
qələm
estilogràfica
iş masası
escriptori
xətkeş
regle
kitab
llibre
şagird
estudiant

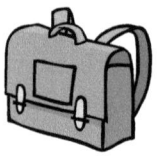

məktəbli çantası

bossa

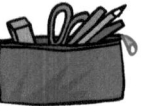

karandaş qabı

estoig

karandaş

llapis

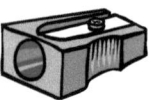

karandaş yonan

maquineta de fer punta

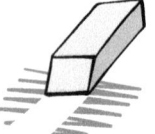

pozan

goma

rəsm albomu

bloc de dibuix

rəsm
dibuix

boya fırçası
pinzell

boya qutusu
capsa de pintures

qayçı
tisores

yapışdırıcı
cola

dəftər
quadern d'exercicis

ev tapşırığı
deures

12

say
nombre

2+2

əlavə etmək
afegir

5-2

çıxmaq
sostreure

2×2

vurmaq
multiplicar

hesablamaq
calcular

A

hərf
lletra

ABCDEFG
HIJKLMN
OPQRSTU
VWXYZ

əlifba
alfabet

hello

söz
mot

mətn

text

oxumaq

llegir

tabaşir

guix

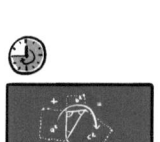

dərs

lliçó

sinif jurnalı

llibre de classe

imtahan

examen

təhsil haqqında sənəd

certificat

məktəb uniforması

uniforme escolar

təhsil

formació

ensiklopediya

enciclopèdia

universitet

universitat

mikroskop

microscopi

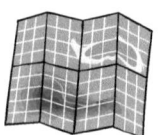

xəritə

mapa

zibil qutusu

paperera

4

məktəb - escola

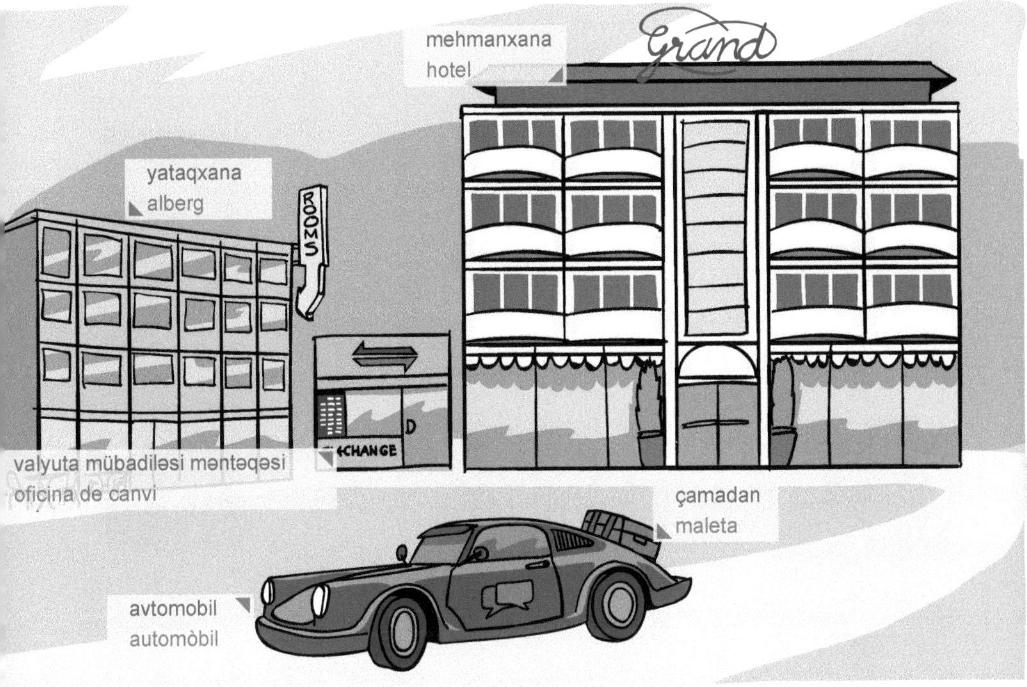

mehmanxana
hotel
Grand
yataqxana
alberg
ROOMS
valyuta mübadiləsi məntəqəsi
oficina de canvi
çamadan
maleta
avtomobil
automòbil

dil

llengua

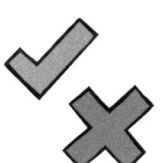

bəli/xeyr

sí / no

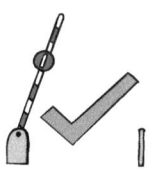

oldu

D'acord

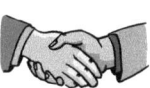

salam

Ey!

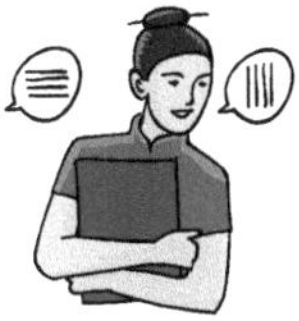

tərcüməçi

traductora

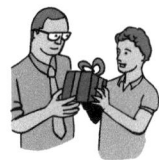

Təşəkkür edirəm

gràcies

giyməti nə qədərdir ...?

Quant costa... ?

mən başa düşmürəm

No entenc

problem

problema

Axşamınız xeyir!

Bona nit!

Sabahınız xeyir!

bon dia!

Gecəniz xeyrə galsin!

bona nit!

hələlik

fins aviat

istiqamət

direcció

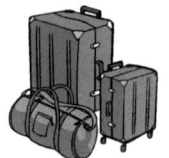

baqaj

bagatge

torba

bossa

kürək çantası

sarrona

qonaq

convidat

otaq

cambra

yataq-çuval

sac de dormir

çadır

tenda

turistlər üçün məlumat

oficina de turisme

çimərlik

platja

kredit kartı

carta de crèdit

səhər yeməyi

esmorzar

günorta yeməyi

dinar

nahar yeməyi

sopar

bilet

bitllet

lift

ascensor

poçt markası

segell

sərhəd

frontera

gömrük

duana

səfirlik

ambaixada

viza

visat

pasport

passaport

nəqliyyat
transport

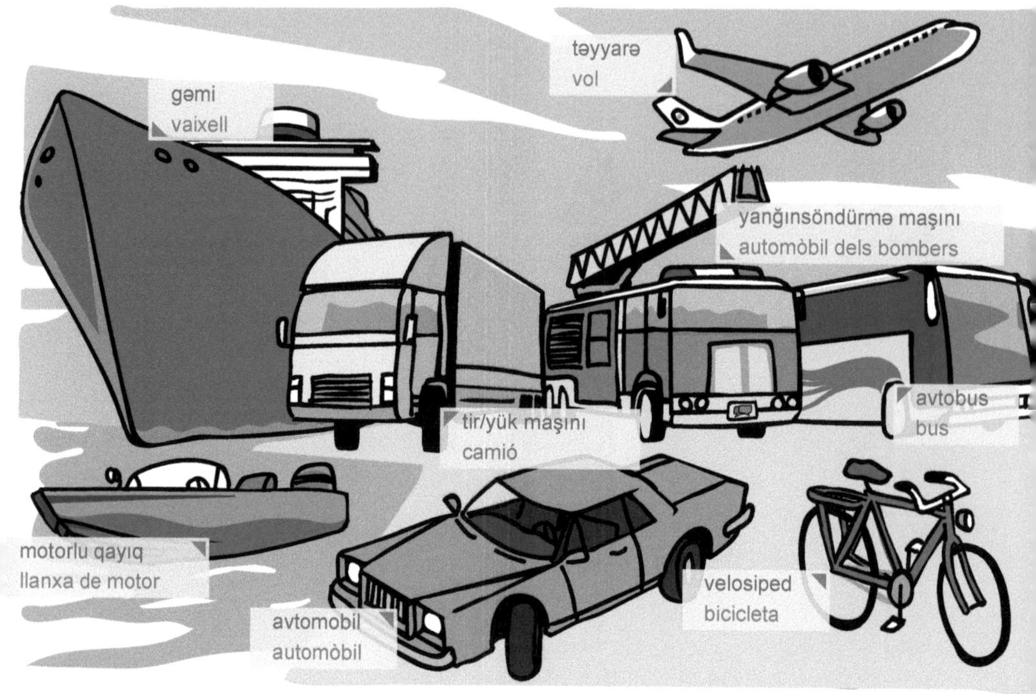

təyyarə
vol
gəmi
vaixell
yanğınsöndürmə maşını
automòbil dels bombers
avtobus
bus
tir/yük maşını
camió
motorlu qayıq
llanxa de motor
velosiped
bicicleta
avtomobil
automòbil

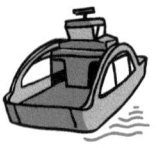

bərə

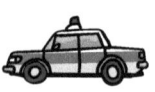

transbordador

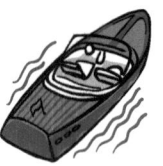

qayıq

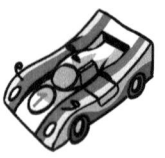

barca

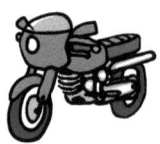

motosiklet

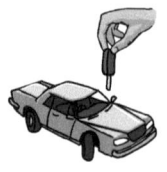

moto

polis avtomobili

automòbil de policia

yarış avtomobili

automòbil de curses

icarə avtomobili

automòbil de lloguer

avtomobil icarəsi

vehicle compartit

texniki yardım maşını

grua

zibil maşını

camió de les escombraries

mühərrik

motor

yanacaq

benzina

benzin doldurma məntəqəsi

benzineria

yol nişanı

senyal de trànsit

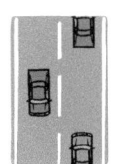

yol hərəkəti

trànsit

tıxac

embús

avtomobil dayanacağı

aparcament

dəmir yolu stansiyası

estació de trens

dəmiryol

vies

qatar

tren

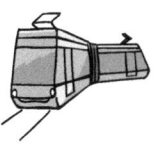

tramvay

tramvia

vaqon

vagó

helikopter

helicòpter

hava limanı

aeroport

qüllə

torre

sərnişin

passatger

konteyner

contenidor

karton qutu

capsa de cartó

əl arabası

carretó

səbət

cistella

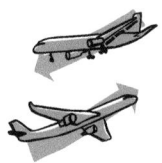

qalxmaq / enmək

enlairar-se / aterrar

şəhər

ciutat

kənd

poble

şəhər mərkəzi

centre de la ciutat

ev

casa

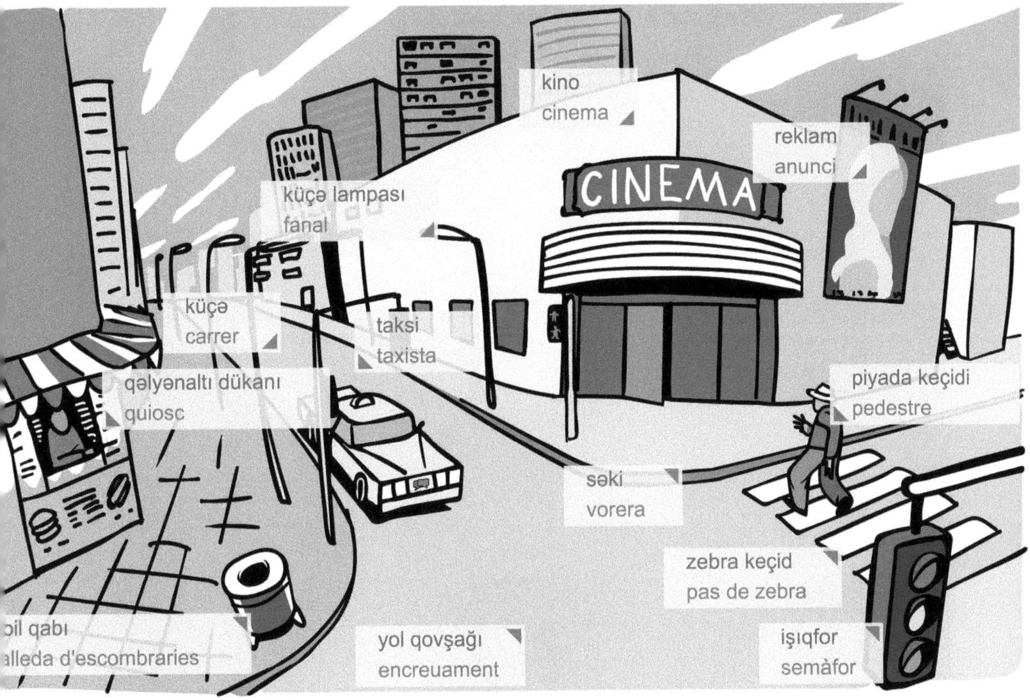

kino
cinema

reklam
anunci

küçə lampası
fanal

CINEMA

küçə
carrer

taksi
taxista

qəlyənaltı dükanı
quiosc

piyada keçidi
pedestre

səki
vorera

zebra keçid
pas de zebra

oil qabı
alleda d'escombraries

yol qovşağı
encreuament

işıqfor
semàfor

daxma

cabana

mənzil

apartament

dəmir yolu stansiyası

estació de trens

bələdiyyə binası

casa de la vila-ciutat

muzey

museu

məktəb

escola

universitet
universitat

bank
banca

xəstəxana
hospital

mehmanxana
hotel

aptek
farmàcia

ofis
oficina

kitab dükkanı
llibreria

dükan
botiga

çiçək dükanı
floristeria

supermarket
supermercat

bazar
mercat

univermaq
gran magatzem

balıq satıcısı
peixateria

ticarət mərkəzi
centre comercial

liman
port

şəhər - ciutat

park
parc

oturacaq
banc

körpü
pont

pilləkən
escala

metro
metro

tunel
túnel

avtobus dayanacağı
parada d'autobús

bar
bar

restoran
restaurant

poçt qutusu
bústia de correu

küçə nişanı
senyal indicador

parkinq sayğacı
parquímetre

zoopark
zoo

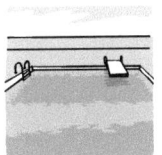

üzgüçülük hovuzu
piscina

məscid
mesquita

ferma

granja

ətraf mühitin çirklənməsi

pol·lució

məzarlıq

cementiri

kilsə

església

oyun meydançası

parc infantil

məbəd

temple

mənzərə

paisatge

yarpaq
fulla

yol nişanı
cartell indicador

yol
camí

çəmən
prat

daş
pedra

piyada səyyah
excursionista

ağac
arbre

çay
riu

ot
gespa

gül
flor

vadi
vall

təpə
muntanya

göl
llac

meşə
bosc

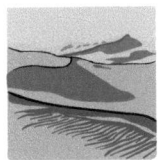

səhra
desert

vulkan
volcà

qəsr
castell

göy qurşağı
arc de Sant Martí

göbələk
bolet

palma
palmera

ağcaqanad
moscard

milçək
mosca

qarışqa
formiga

arı
abella

hörümçək
aranya

mənzərə - paisatge

15

böcək
escarabat

qurbağa
granota

dələ
esquirol

kirpi
eriçó

dovşan
llebre

bayquş
òliba

quş
ocell

qu quşu
cigne

qaban
senglar

maral
cervo

sığın
ant

su bəndi
presa

külək turbini
turbina

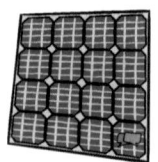

günəş batareyası
panell solar

iqlim
clima

mənzərə - paisatge

ofisiant
cambrer

menyu
menú

kreslo
cadira

şorba
sopa

pizza
pizza

bıçaq, çəngəl, qaşıq
coberts

süfrə
tovalla

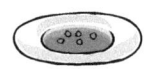

məzə
....
primer plat

əsas yemək
....
plat principal

desert
....
darreries

içkilər
....
begudes

yemək
....
menjar

şüşə
....
ampolla

fast food

menjar ràpid

küçə yeməkləri

menjar de carrer

çaynik

tetera

qəndqabı

sucrer

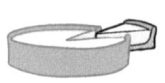

pay

porció

espresso maşını

màquina d'espresso

hündür uşaq kreslosu

trona

faktura

factura

nimçə

plata

bıçaq

ganivet

çəngəl

forqueta

qaşıq

cullera

çay qaşığı

cullereta

salfet

tovalló

şüşə

got

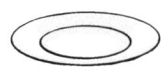

boşqab
plat

şorba boşqabı
plat de sopa

nəlbəki
plateret

sous
salsa

duz qabı
saler

biberüyüdən
molinet de pebre

sirkə
vinagre

duru yağ
oli

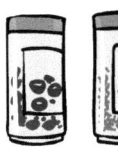

ədviyyat
espècies

ketçup
quètxup

xardal
mostassa

mayonez
maionesa

supermarket
supermercat

xüsusi təklif
oferta especial
müştəri
client
süd məhsulları
productes lactis
meyvə
fruites
alış-veriş arabası
carret de la compra
FOR

BUTCHERS

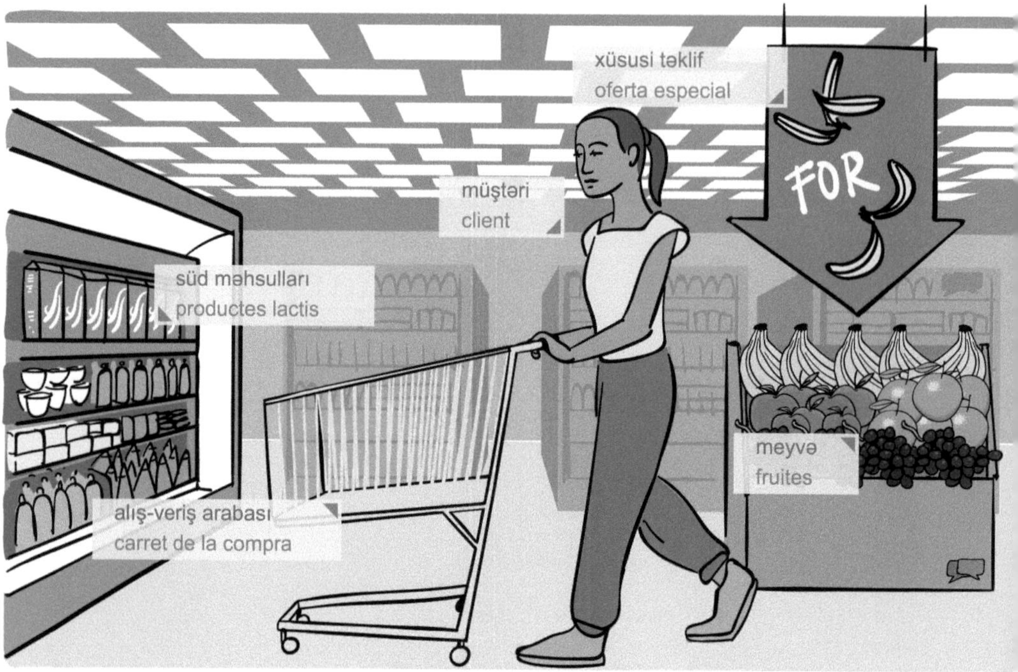

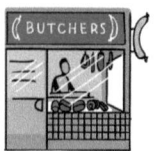

qəssab dükanı

carnisseria

BAKERY

çörəkçi

forn de pa

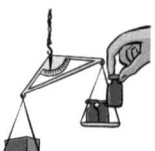

çəkmək

pesar

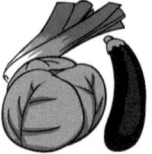

tərəvəz

verdures

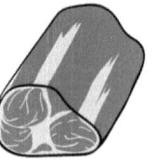

ət

carn

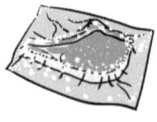

dondurulmuş qida

menjar congelat

soyuq ət yeməyi

carn freda

konservləşdirilmiş qida

conserves

yuyucu toz

detergent en pols

şirniyyat

dolços

təsərrüfat malları

articles domèstics

yuyucu vasitələr

productes de neteja

satıcı

venedora

kassa

caixa registradora

kassir

caixera

alış-veriş siyahısı

llista de la compra

iş saatları

horari d'obertura

pul kisəsi

portamonedes

kredit kartı

carta de crèdit

torba

bossa

plastik torba

bossa de plàstic

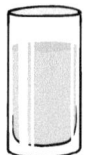

su
aigua

şirə
suc

süd
llet

cola
coca-cola

şərab
vi

pivə
cervesa

alkoqollu içkilər
alcohol

kakao
cacau

çay
te

qəhvə
cafè

espresso
espresso

kapuçino
cappuccino

banan

banana

alma

poma

portağal

taronja

yemiş

síndria

limon

llimona

yerkökü

pastanaga

sarımsaq

all

bambuq

bambú

soğan

ceba

göbələk

bolet

qoz-fındıq

avellanes

əriştə

fideus

spagetti

espaguetis

düyü

arròs

salat

amanida

cips

patates fregides

qızardılmış kartof

patates fregides

pizza

pizza

hamburger

hamburguesa

sandviç

entrepà

eskalop

escalopa

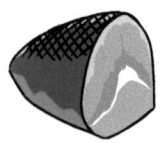

hisə verilmiş donuz əti

cuixot

salyami

salami

kolbasa

salsitxa

toyuq

pollastre

qızardılmış ət tikəsi

rostit

balıq

peix

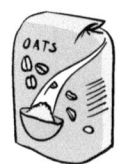

yulaf yarması

flocs de civada

müsli

musli

partlaq qarğıdalı

cereals

un

farina

kruassan

croissant

bulka

panet

çörək

pa

tost

torrada

peçenye

bescuits

kərə yağı

mantega

kəsmik

mató

tort

pastís

yumurta

ou

qayğanaq

ou fregit

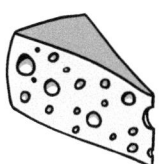

pendir

formatge

dondurma

gelat

şəkər

sucre

bal

mel

mürəbbə

melmelada

şokolad pastası

crema de xocolata

köri

curri

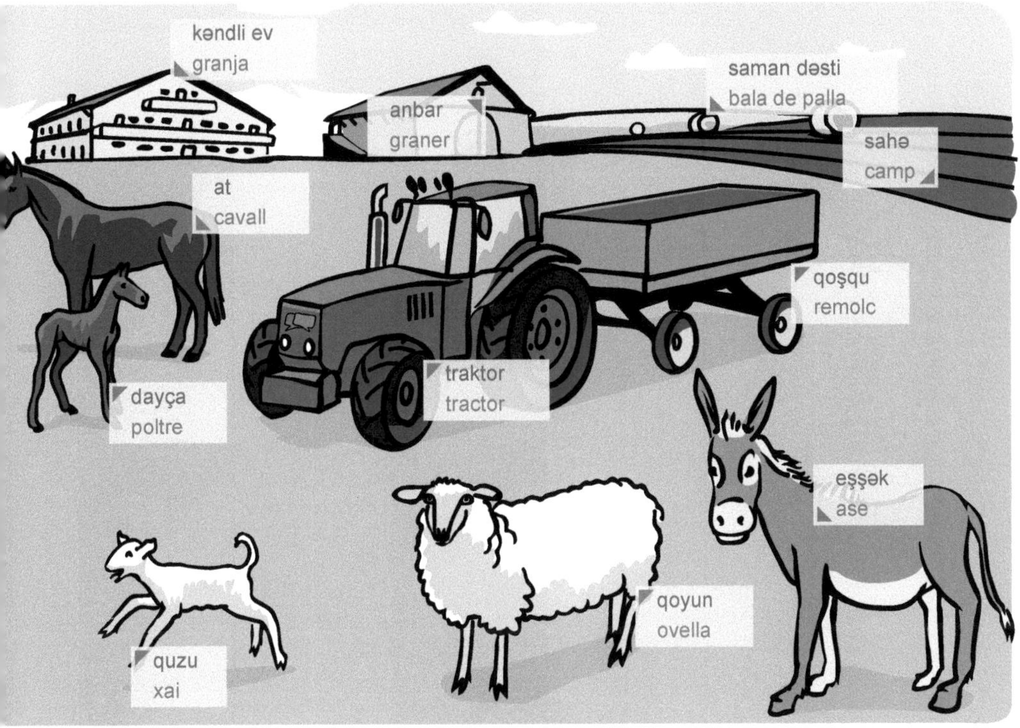

kəndli ev
granja

anbar
graner

saman dəsti
bala de palla

sahə
camp

at
cavall

qoşqu
remolc

traktor
tractor

dayça
poltre

eşşək
ase

quzu
xai

qoyun
ovella

keçi
cabra

inək
vaca

dana
vedella

donuz
porc

donuz balası
garri

öküz
bou

qaz
oca

ördək
ànec

cücə
poll

toyuq
gall

xoruz
gallina

siçovul
rata

pişik
gat

siçan
ratolí

öküz
bou

it
gos

itdamı
gossera

bağ şlanqı
mànega de regar

susəpən
regadora

dəryaz
dalla

kotan
arada

oraq
falç

kətman
aixada

yaba
forca

balta
destral

əl arabası
carretó

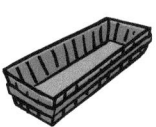

çalov
abeurador

süd bidonu
lletera

çuval
sac

çəpər
tanca

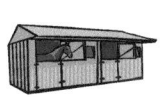

tövlə
establa

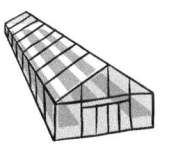

istixana
hivernacle

torpaq
sòl

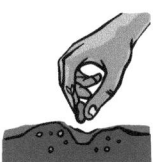

toxum
llavor

gübrə
adob

taxılbiçən kombayn
collidora

məhsul yığmaq

collir

məhsul yığımı

collita

yam

nyam

buğda

blat

soya

soja

kartof

patata

dən

blat de moro o d'indi

raps

colza

meyvə ağacı

arbre fruiter

maniok

mandioca

yarma

cereals

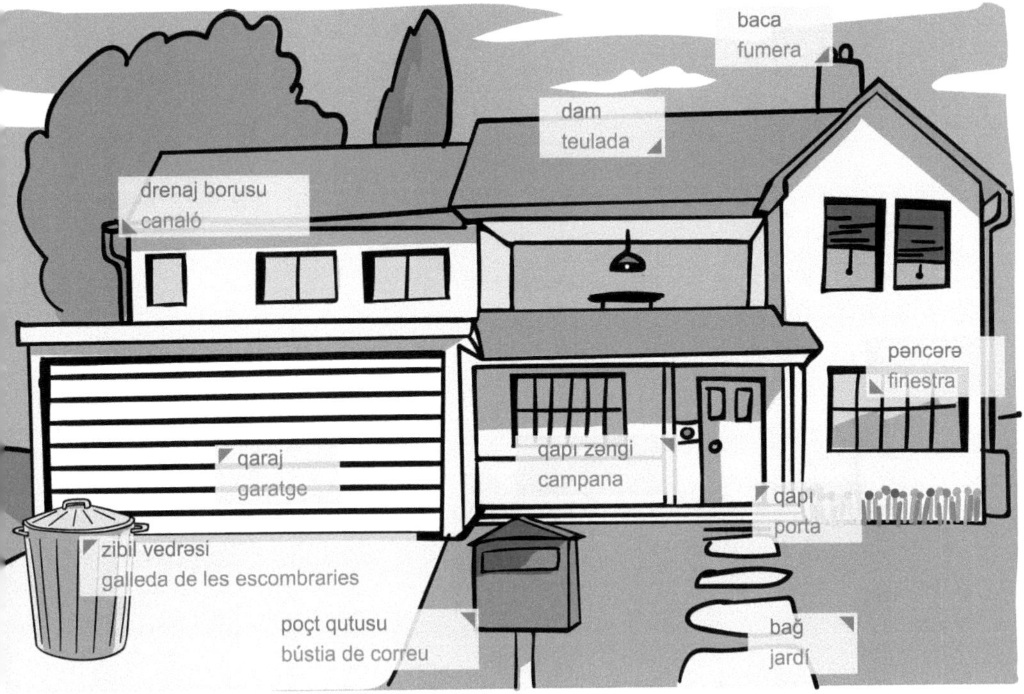

baca
fumera

dam
teulada

drenaj borusu
canaló

pəncərə
finestra

qaraj
garatge

qapı zəngi
campana

qapı
porta

zibil vedrəsi
galleda de les escombraries

poçt qutusu
bústia de correu

bağ
jardí

qonaq otağı
....
sala d'estar

hamam otağı
....
bany

mətbəx
....
cuina

yataq otağı
....
cambra de dormir

uşaq otaqı
....
cambra de nen

yemək otağı
....
menjador

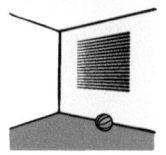

döşəmə
söl

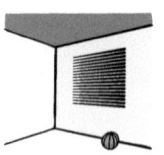

divar
paret

tavan
sostre

zirzəmi
soterrani

sauna
sauna

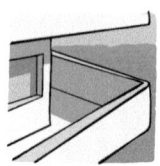

balkon
balcó

terras
terrassa

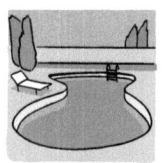

üzgüçülük hovuzu
piscina

otbiçən maşın
tallagespa

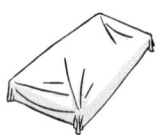

mələfə
vànova

yataq örtüyü
cobrellit

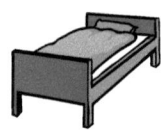

yataq
llit

süpürgə
escombra

vedrə
galleda

elektrik açarı
interruptor

qonaq otağı
sala d'estar

divar kağızı
paper de paret
şəkil
quadre
lampa
làmpada
rəf
prestatge
şkaf
armari
televiziya
televisor
buxarı
escalfapanxes
gül
flor
yastıq
coixí
divan
sofà
vaza
gerro
uzaqdan idarəetmə
telecomanda

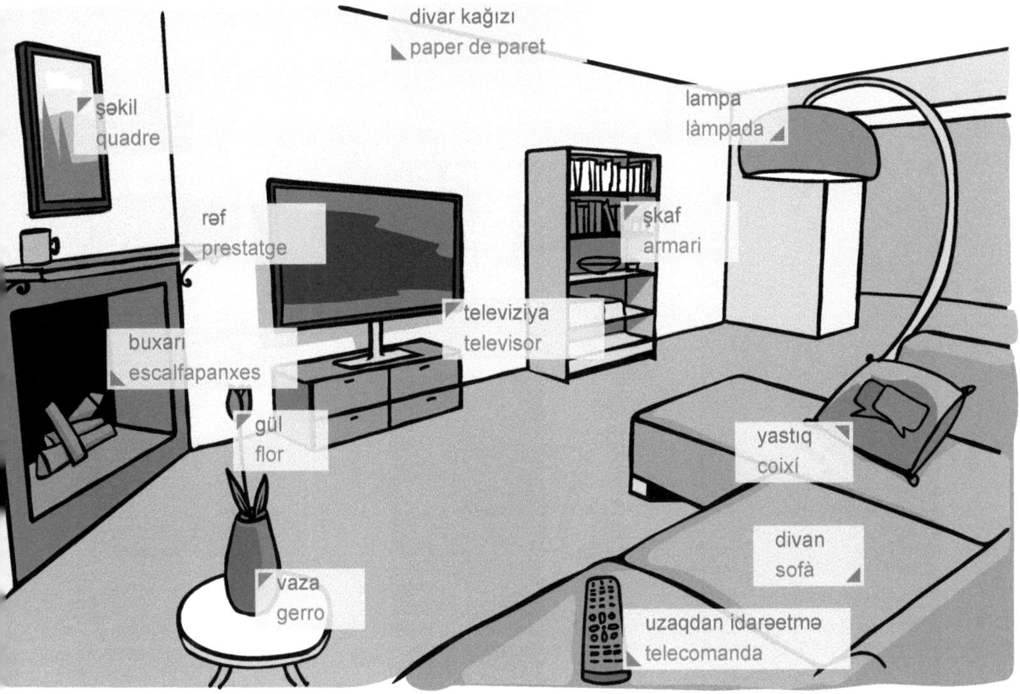

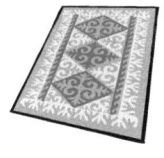

xalça

catifa

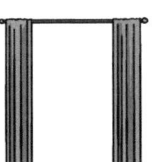

pərdə

cortina

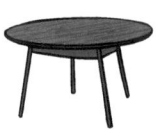

masa

taula

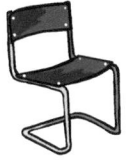

kreslo

cadira

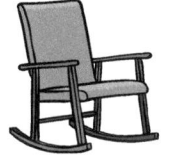

yırğalanan stul

cadira gronxadora

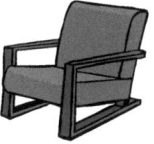

kreslo

cadiral

kitab
llibre

yorğan
llençol

bəzək
decoració

odun
llenya

film
film

stereo səs sistemi
cadena de música

açar
clau

qəzet
diari

rəsm əsəri
pintura

plakat
cartell

radio
ràdio

bloknot
bloc de notes

tozsoran
aspiradora

kaktus
cactus

şam
candela

mətbəx
cuina

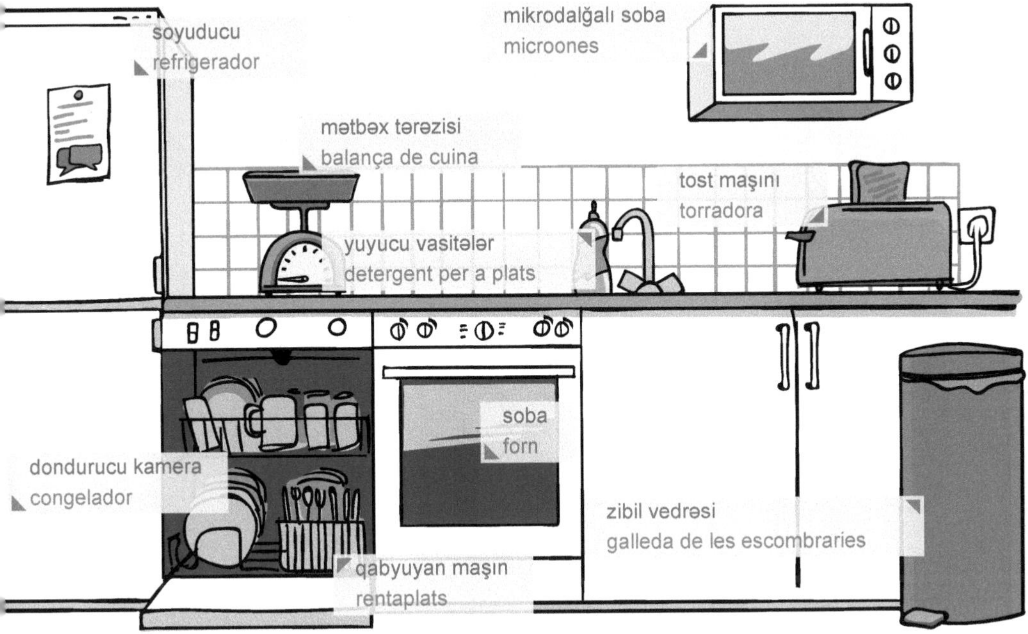
soyuducu
refrigerador
mikrodalğalı soba
microones
mətbəx tərəzisi
balança de cuina
tost maşını
torradora
yuyucu vasitələr
detergent per a plats
soba
forn
dondurucu kamera
congelador
zibil vedrəsi
galleda de les escombraries
qabyuyan maşın
rentaplats

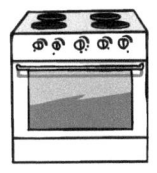

soba

cuina de fogons

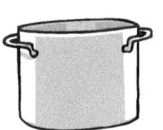

qazan

olla

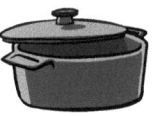

çuqun qazan

olla de ferro colat

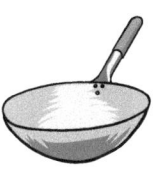

vok / kadai

wok / karahi

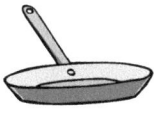

tava

paella

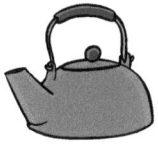

çaydan

bullidor

buxar qazanı

olla de vapor

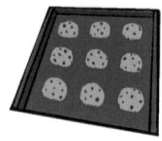

sac

plata de forn

qab

vaixella

fincan

tassa grossa

ləyən

bol

yemək üçün çubuqlar

bastonets xinesos

çömçə

culler

spatula

espàtula

çırpıcı

batedor

süzgəc

colador

ələk

sedàs

sürtgəc

ratllador

həvəngdəstə

morter

barbekyu

barbacoa

ocaq

foc a terra

doğrama taxtası

taula de tallar

oxlov

corró

probkaçıxaran

llevataps

banka

pot de conserva

bankaağzıaçan

obridor

qabtutan

agafador

əl üz yuyan

aigüera

fırça

raspall

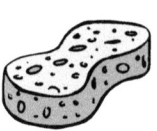

süngər

esponja

blender

batedora

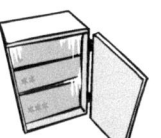

dondurucu

congelador

körpə şüşəsi

biberó

kran

aixeta

hamam otağı
bany

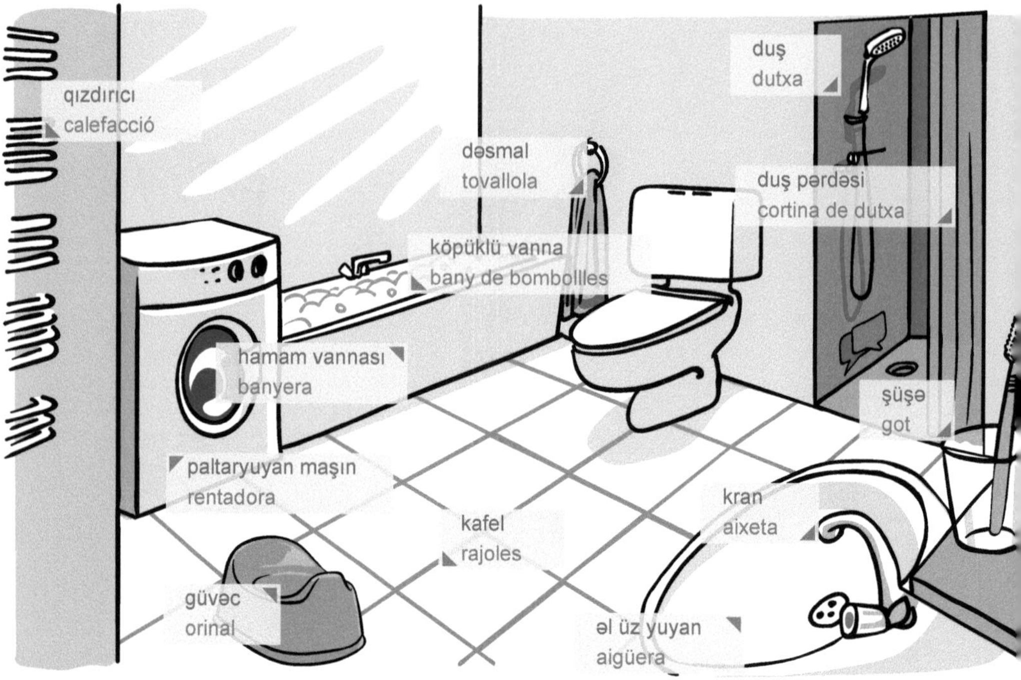

qızdırıcı
calefacció
duş
dutxa
dəsmal
tovallola
duş pərdəsi
cortina de dutxa
köpüklü vanna
bany de bombolles
hamam vannası
banyera
şüşə
got
paltaryuyan maşın
rentadora
kran
aixeta
kafel
rajoles
güvəc
orinal
əl üz yuyan
aigüera

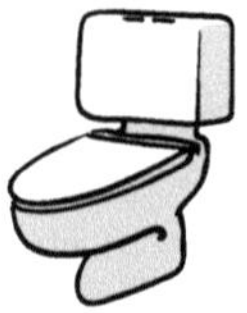

tualet

lavabo

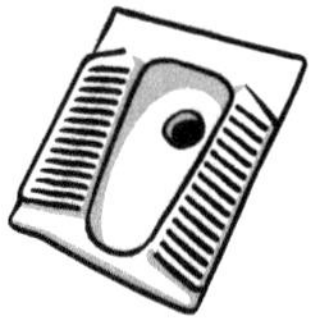

çömbəlmə tualet

lavabo turc

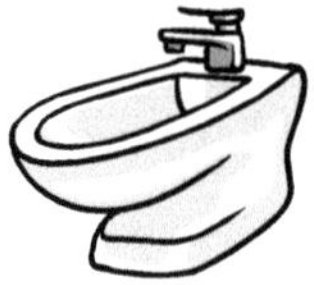

bide

bidet

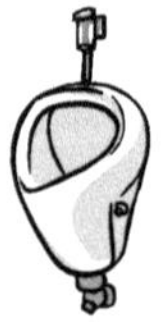

urinal

orinador

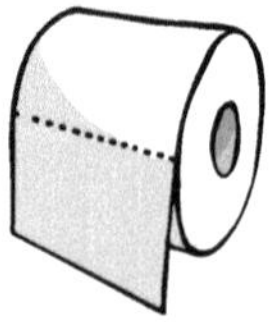

tualet kağızı

paper higiènic

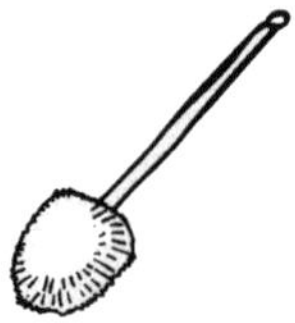

tualet fırçası

escombreta de sanitari

diş fırçası

raspall de dents

diş pastası

pasta de dents

diş ipi

fil dental

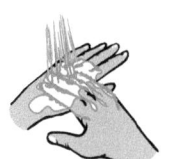

yumaq

rentar

əl duşu

pom de dutxa

intim duş

dutxa íntima

taz

rentamans

bel fırçası

raspall per a l'esquena

sabun

sabó

duş üçün gel

gel de dutxa

şampun

xampú

əsgi

manyopla de bany

drenaj

bonera

krem

crema

dezodorant

desodorant

güzgü

mirall

əl güzgüsü

mirall-espill de mà

ülgüc

maquineta de rasar

üz qırxmaq üçün köpük

espuma de barbejar

təraşdan sonra su

loció post-rasada

daraq

pinta

fırça

raspall

fen

eixugador

saç spreyi

laca

makiyaj

maquillatge

dodaq boyası

pintallavis

dırnaq lakı

esmalt d'ungles

pambıq

cotó

dırnaq qayçısı

tallaungles

ətir

perfum

gigiyenik torba
estoig de bellesa

kətil
tamboret

tərəzi
bàscula

hamam xalatı
barnús

rezin əlcək
guants de goma

tampon
compresa higiènica

gigiyenik salfet
compresa

kimyəvi tualet
sanitari químic

uşaq otaqı

cambra de nen

zəngli saat
despertador
yumşaq oyuncaq
animal de peluix
oyuncaq avtomobil
auto de joguina
cingilti
sonall
kukla evciyi
casa de nines
hədiyyə
present

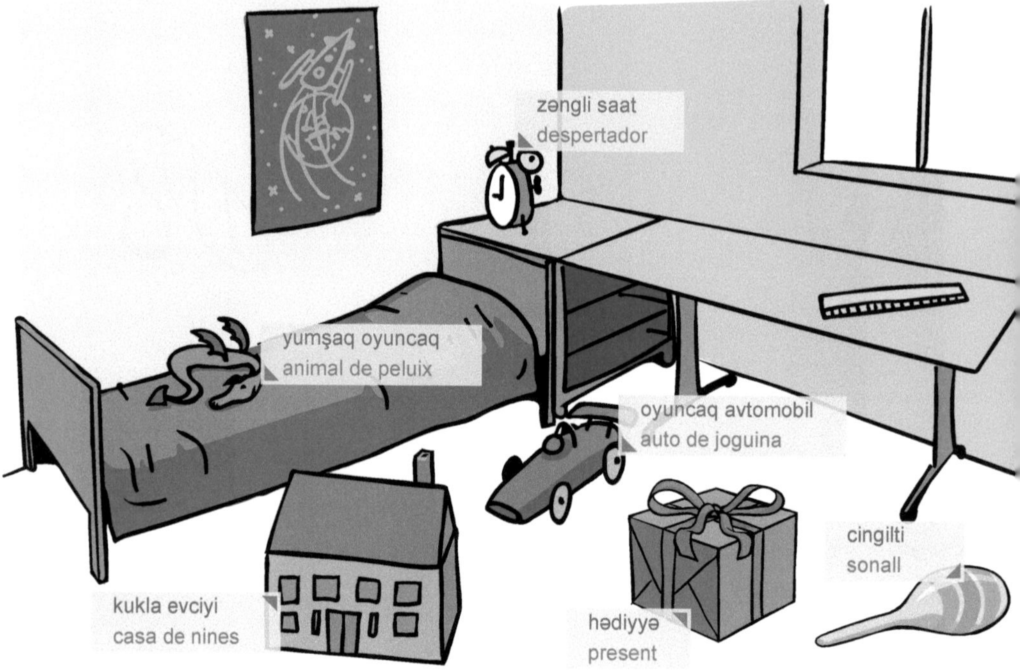

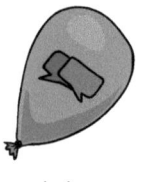

balon

baló

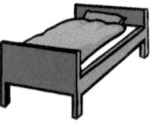

yataq

llit

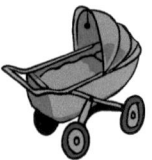

uşaq arabası

cotxet per a nens

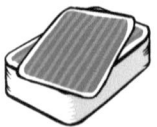

kart dəsti

joc de cartes

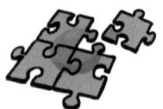

elektrik mişarı

trencaclosca

SUPER MEGA

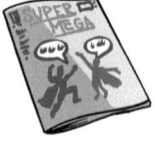

komik

historieta

leqo kərpici

peces de lego

konstruktor blokları

peces de construcció

oyuncaq-personaj

ninot d'acció

yeni doğulmuş körpələr üçün geyimi

granota

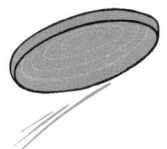

frisbi

frisbee

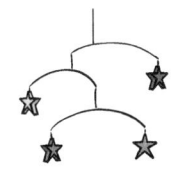

yataq üstünə asılan körpə oyuncağı

mòbil per a bressol

masaüstü oyun

joc de taula

zər

daus

oyuncaq qatar

tren elèctric

emzik

xumet

qonaqlıq

festa

rəsmli kitab

llibre de dibuixos

top

pilota

kukla

nina

oynamaq

jugar

qum qutusu

sorrera

yellǝncǝk

gronxador

oyuncaqlar

joguines

video oyun konsolu

consola de jocs de vídeo

üç tǝkǝrli velosiped

tricicle

plüşdǝn hazırlanmış
oyuncaq ayı

osset de peluix

şkaf

armari

geyim

roba

corab

mitjons

corab

mitges

kalqotka

mitja pantaló

kaşne
tapacoll

çətir
paraigua

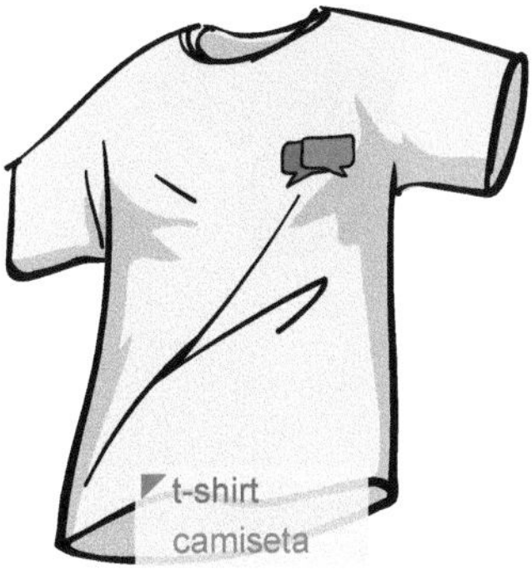

t-shirt
camiseta

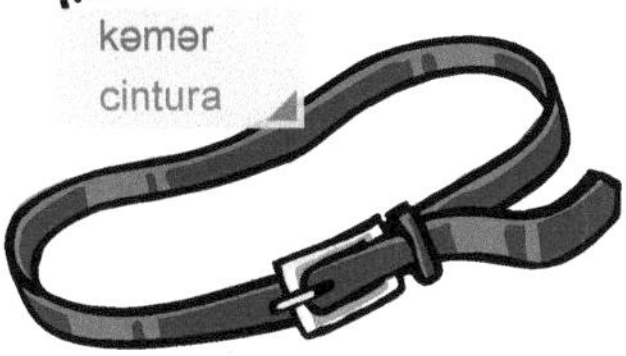

kəmər
cintura

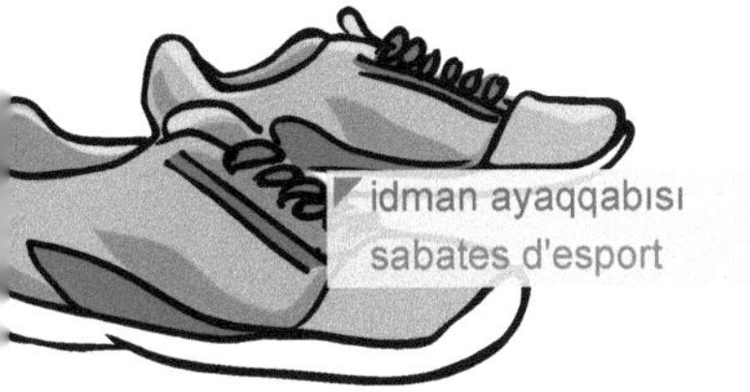

çəkmə
botes

şəpit
plantofes

idman ayaqqabısı
sabates d'esport

sandallar
....
sandàlies

ayaqqabı
....
sabates

rezin çəkmələr
....
botes de goma

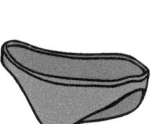

dizlik
....
calçonets

lifçik
....
sostenidor

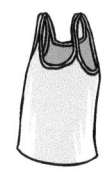

alt köynəyi
....
guardapits

geyim - roba

alt paltarı
jjustacòs

şalvar
pantalons

cins
jeans

yubka
faldeta

bluza
brusa

köynək
camisa

sviter
jersei

başlıqlı idman gödəkçəsi
dessuadora

gödəkçə
blazer

gödəkcə
jaqueta

pencək
mantell

plaş
impermeable

kostyum
vestit de dona

paltar
vestit de dona

gəlin paltarı
vestit de núvia

kostyum

vestit d'home

gecə köynəyi

camisa de dormir

pijama

pijama

sari

sari

hicab / eşarp

mocador de cap

çalma

turbant

burka

burca

kaftan

caftan

abaya

abaia

çimərlik geyimi

vestit de bany

tumuş

calçon(et)s de bany

şort

pantalons curts

məşq kostyumu

xandall

önlük

davantal

əlcək

guants

düymə
botó

eynək
ulleres

bilərzik
braçalet

boyunbağı
collaret

üzük
anell

sırğa
orellera

papaq
casquet

asılqan
penjador

papaq
capell

qalstuk
corbata

zəncirbənd
cremallera

dəbilqə
casc

aşırma
elàstics

məktəb uniforması
uniforme escolar

uniforma
uniforme

döşlük
pitet

emzik
xumet

körpə bezi
bolquer

server
servidor

arxiv şkafı
armari arxivador

printer
impressora

monitor
monitor

kağız
paper

siçan
ratolí

iş masası
escriptori

qovluq
arxivador

klaviatura
teclat

zibil qutusu
paperera

stul
cadira

kompyuter
ordinador

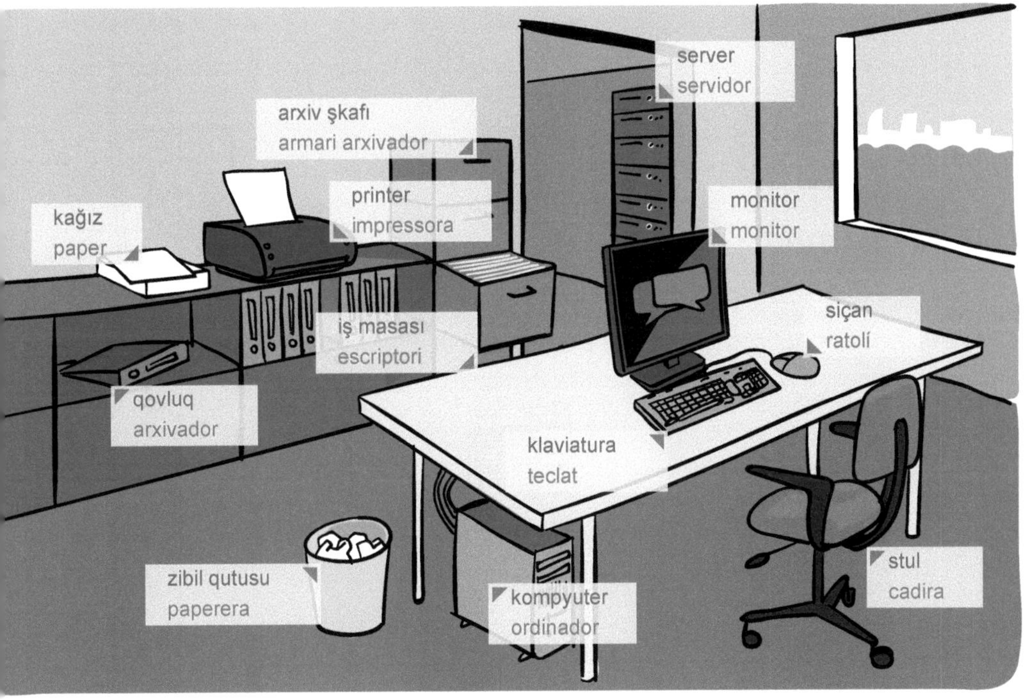

qəhvə fincanı
tassa de cafè

kalkulyator
calculadora

internet
Internet

ofis - oficina

49

laptop

ordinador portàtil

məktub

lletra

mesaj

missatge

mobil telefon

mòbil

şəbəkə

xarxa

surətçıxaran maşın

fotocopiadora

proqram təminatı

programari

telefon

telèfon

ştepsel

presa de corrent

faks

fax

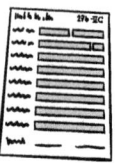

forma

formulari

sənəd

document

satın almaq

comprar

ödəmək

pagar

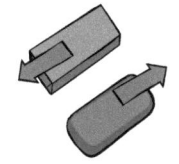

alverlə məşğul olmaq

comerciar

pul

diners

dollar

dòlar

avro

euro

yen

ien

rubl

ruble

frank

franc suís

renminbi yuan

renminbi

rupi

rupia

bankomat

caixa automàtica

valyuta mübadiləsi
məntəqəsi
oficina de canvi

qızıl

or

gümüş

argent

neft

petroli

enerji

energia

qiymət

preu

müqavilə

contracte

vergi

impost

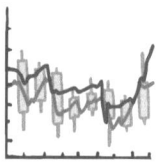

səhm

acció

işləmək

treballar

işçi

treballador

işəgötürən

empresari

fabrik

fàbrica

dükan

botiga

polis əməkdaşı
oficial de policia

yanğınsöndürən
bomber

aşbaz
cuiner

həkim
doctora

pilot
pilot

bağban
....
jardiner

dülgər
....
fuster

dərzi
....
costurera

hakim
....
jutge

kimyaçı
....
química

aktyor
....
actor

avtobus sürücüsü

conductor d'autobús

taksi sürücüsü

taxista

balıqçı

pescador

xadimə

dona de la neteja

dam işçisi

ensostrador

ofisiant

cambrer

ovçu

caçador

rəssam

pintor

çörəkçi

forner

elektrik ustası

electricista

inşaat işçisi

obrer de la construcció

mühəndis

enginyer

qəssab

carnisser

santexnik

llanterner

poçtalyon

correu

əsgər

soldat

memar

arquitecte

kassir

caixera

gül-çiçək satıcısı

florista

bərbər

perruquer

konduktor

revisor

mexanik

mecànic

kapitan

capità

diş həkimi

dentista

alim

científic

ravvin

rabí

imam

imam

rahib

monjo

keşiş

capellà

peşə - oficis

alətlər

eines

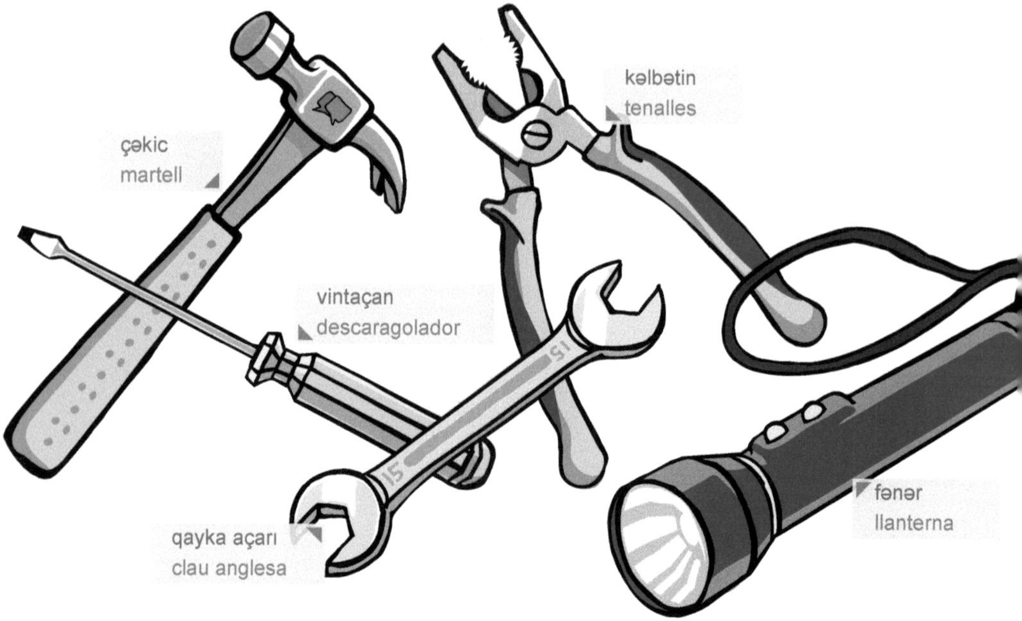
kəlbətin
tenalles
çəkic
martell
vintaçan
descaragolador
fənər
llanterna
qayka açarı
clau anglesa

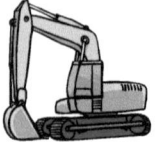

ekskavator

excavadora

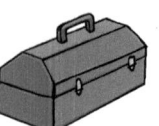

alətlər qutusu

caixa d'eines

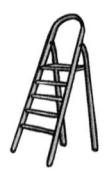

nərdivan

escala

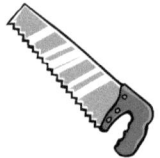

mişar

serra

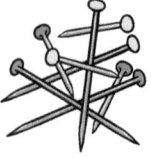

dırnaqlar

claus

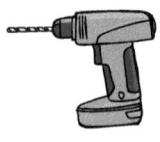

drel

trepant

təmir etmək

reparar

kürək

pala

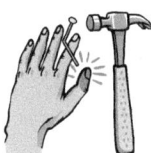

Lənət olsun!

Maleït siga!

xəkəndaz

pala

boya vedrəsi

pot de pintura

vintlər

caragols

musiqi alətləri
instrument de música

dinamik
altaveu

zərb alətləri
bateria

gitara
guitarra

kontrabas
contrabaix

trompet
trompeta

fortepiano
piano

skripka
violí

bas
baix

timpani
timbal

nağara
tambor

sintezator
teclat

saksafon
saxofon

fleyta
flauta

mikrofon
micròfon

zoopark

zoo

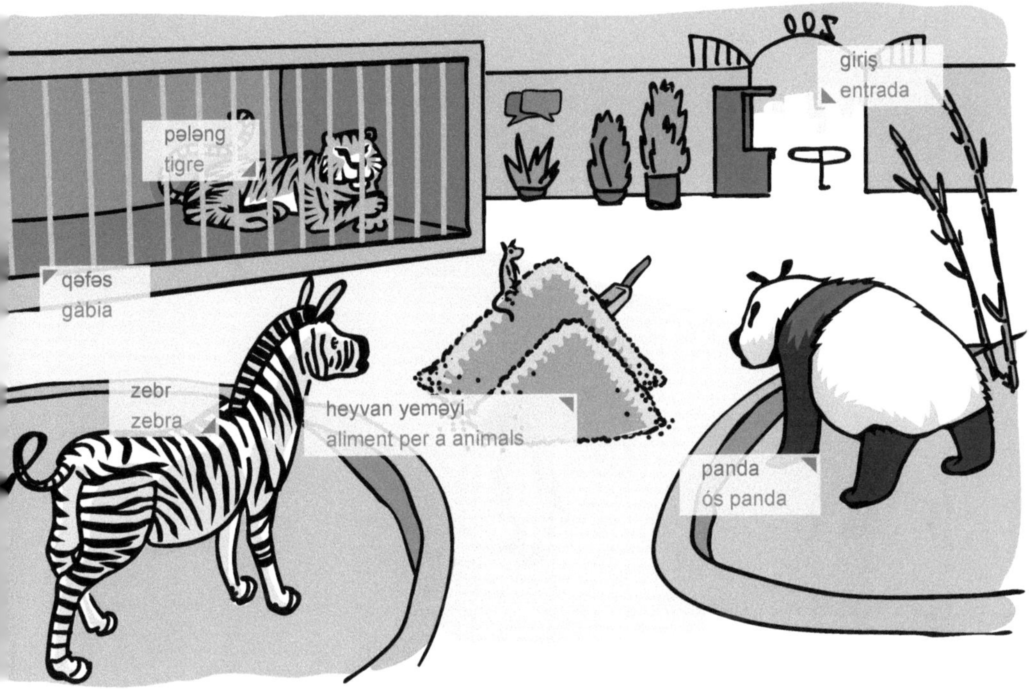
giriş
entrada
pələng
tigre
qəfəs
gàbia
zebr
zebra
heyvan yeməyi
aliment per a animals
panda
ós panda

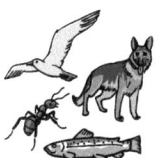

heyvanlar
animals

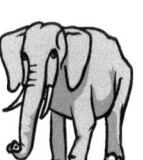

fil
elefant

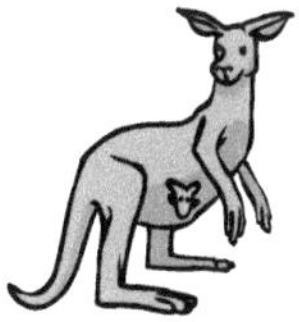

kenquru
cangurú

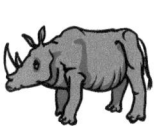

kərgədan
rinoceront

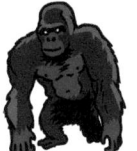

qorilla
goril·la

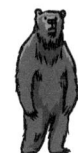

ayı
ós

dəvə

camell

dəvəquşu

estruç

aslan

lleó

meymun

simi

flamingo

flamenc

tutuquşu

papagai

qütb ayısı

ós polar

pinqvin

pingüí

köpəkbalığı

ca mari

tovuz

paó

ilan

serp

timsah

cocodril

zoopark işçisi

guardià del zoo

suiti

foca

yaquar

jaguar

zoopark - zoo

poni
poni

bəbir
lleopard

hippopotam
hipopòtam

zürafə
girafa

qartal
àliga

qaban
senglar

balıq
peix

tısbağa
tortuga

morj
morsa

tülkü
guineu

ceyran
gasela

zoopark - zoo

amerikan futbolu
futbol americà

velosiped sürmək
ciclisme

tennis
tenis

basketbol
bàsquet

üzgüçülük
natació

boks
boxa

buz xokkeyi
hoquei sobre gel

futbol
....
futbol americà

badminton
....
bàdminton

yüngül atletika
....
atletisme

həndbol
....
handbol

xizək
....
esquí

polo
....
polo

tullanmaq
saltar

gülmək
riure

qucaqlaşmaq
abraçar

getmək
anar

oxumaq
cantar

yuxu qörmək
somiar

dua etmək
pregar

öpüşmək
fer un petó

yazmaq

escriure

çəkmək

dibuixar

göstərmək

mostrar

itələmək

pitjar

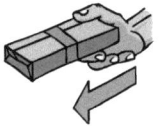

vermək

donar

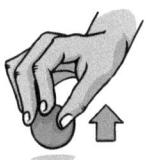

götürmək

prendre

sahibi olmaq

tenir

etmək

fer

olmaq

ésser

durmaq

estar dret

qaçmaq

córrer

çəkmək

estirar

atmaq

llançar

düşmək

caure

uzanmaq

jeure

gözləmək

esperar

daşımaq

portar

oturmaq

asseure's

geyinmək

vestir-se

yatmaq

dormir

ayılmaq

despertar-se

baxmaq

mirar

ağlamaq

plorar

sığallamaq

amoixar

daramaq

pentinar

danışmaq

parlar

anlamaq

comprendre

soruşmaq

demanar

dinləmək

escoltar

içmək

beure

yemək

menjar

təmizləmək

endreçar

sevmək

estimar

bişirmək

cuinar

sürmək

conduir

uçmaq

volar

üzmək

navegar

hesablamaq

calcular

oxumaq

llegir

öyrənmək

aprendre

işləmək

treballar

evlənmək

casar-se

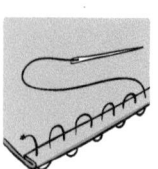

tikmək

cosir

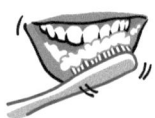

dişləri təmizləmək

raspallar-se les dents

öldürmək

matar

siqaret çəkmək

fumar

göndərmək

enviar

ailə
família

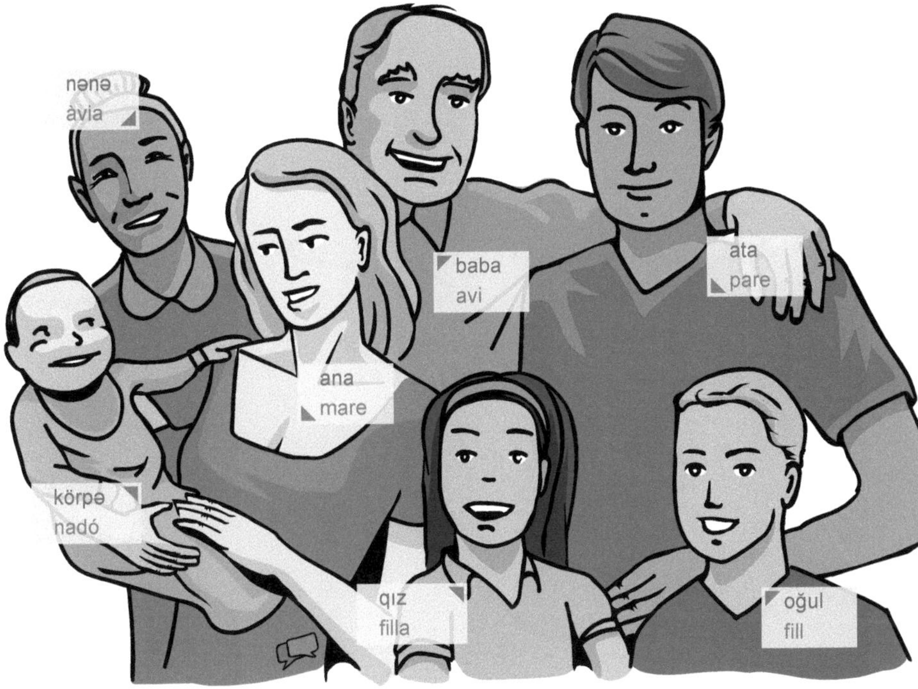

nənə
àvia
baba
avi
ata
pare
ana
mare
körpə
nadó
qız
filla
oğul
fill

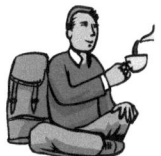

qonaq

convidat

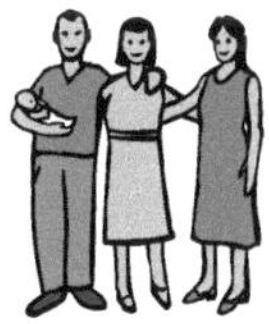

xala/bibi

tia

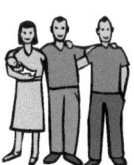

əmi/dayı

oncle

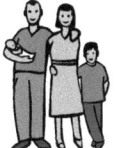

qardaş

germà

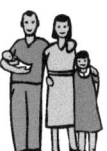

bacı

germana

bədən

cos

alın
front
göz
ull
çiyin
espatlla
barmaq
dit
üz
cara
buxaq
barbeta
əl
mà
döş
pit
ayaq
cama
qol
braç

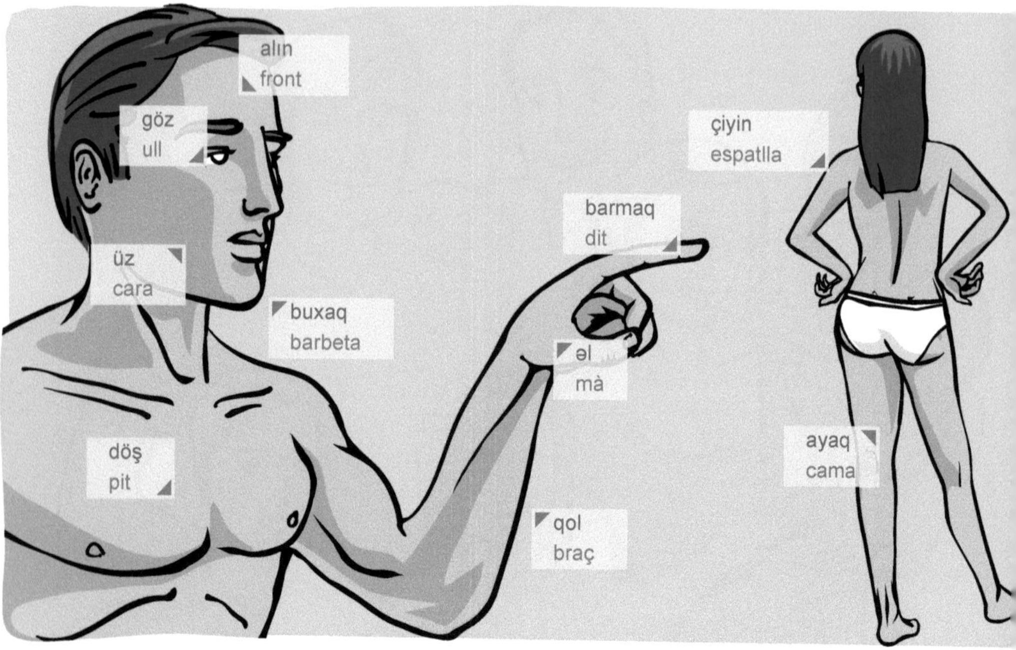

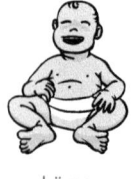

körpə

nadó

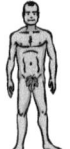

kişi

home

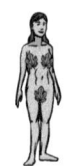

qadın

dona

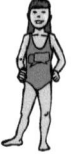

qız

noia

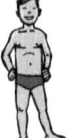

oğlan

noi

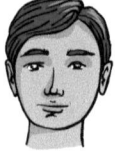

baş

cap

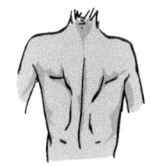

bel

esquena

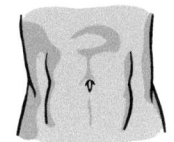

qarın

panxa

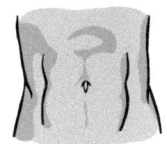

göbək

melic

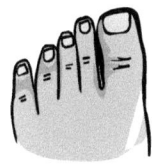

ayaq barmağı

dit gros del peu

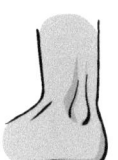

daban

taló

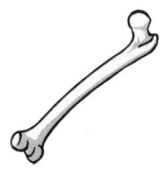

sümük

os

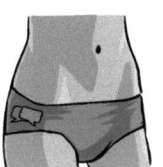

bud

maluc

diz

genoll

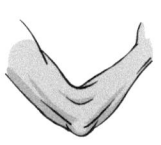

dirsək

colze

burun

nas

sağrı

cul

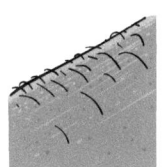

dəri

pell

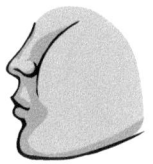

yanaq

galta

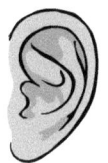

qulaq

orella

dodaq

llavi

ağız
....
boca

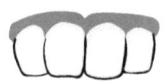

diş
....
dent

dil
....
llengua

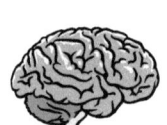

beyin
....
cervell

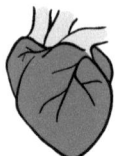

ürək
....
cor

əzələ
....
múscul

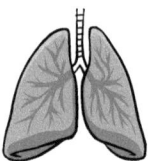

ağciyər
....
pulmó

qaraciyər
....
fetge

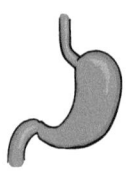

mədə
....
estómac

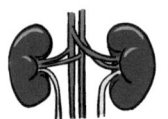

böyrəklər
....
ronyó

cinsi yaxınlıq
....
relació sexual

kondom
....
preservatiu

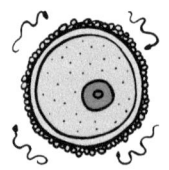

qadın cinsi hüceyrə
....
ovari

sperma
....
semen

hamiləlik
....
prenyat

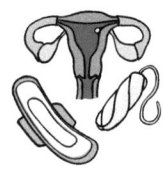

aybaşı
menstruació

vagina
vagina

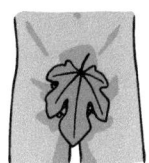

penis
penis

qaş
cella

saç
cabells

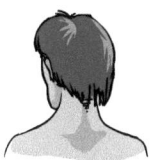

boyun
coll

xəstəxana

hospital

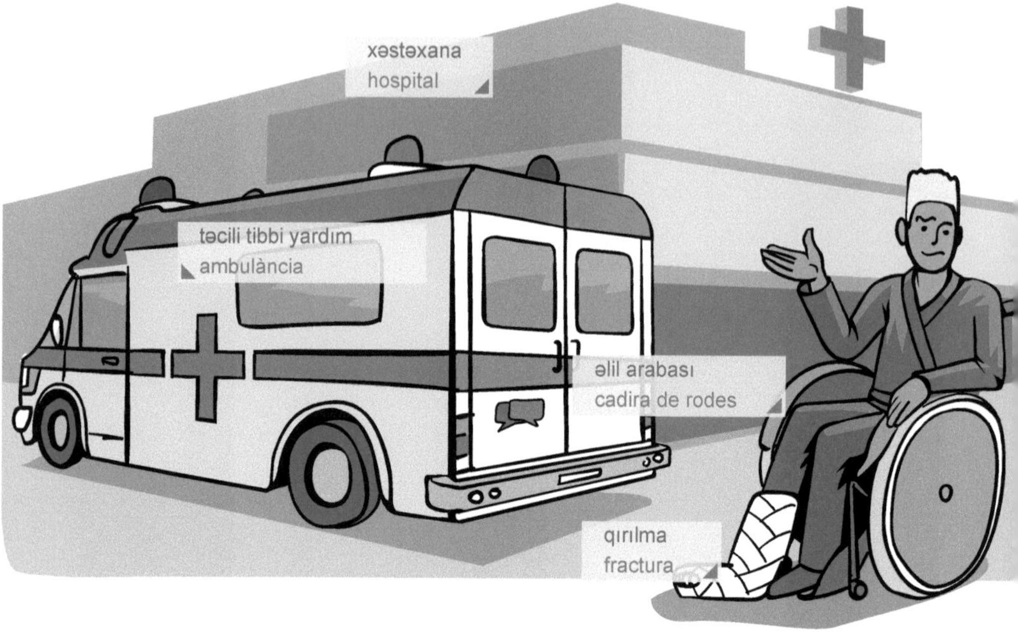

xəstəxana
hospital
təcili tibbi yardım
ambulància
əlil arabası
cadira de rodes
qırılma
fractura

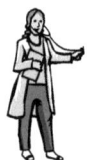

həkim

doctora

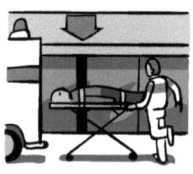

reanimasiya şöbəsi

sala d'urgències

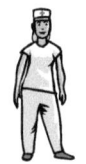

tibb bacısı

infermera

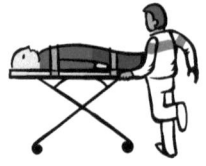

fövqəladə hallar

urgència

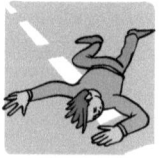

huşunu itirmiş

inconscient

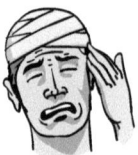

ağrı

dolor

zədə
ferida

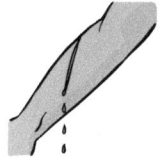

qanaxma
sagnament

infarkt
atac de cor

insult
apoplexia

allergiya
al·lèrgia

öskürək
tos

qızdırma
febre

qrip
gripa

ishal
diarrea

başağrısı
mal de cap

xərçəng
càncer

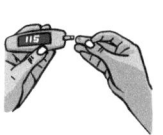

şəkərli diabet
diabetis

cərrah
cirurgià

neştər
escalpel

əməliyyat
operació

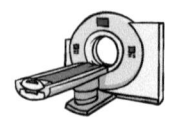

CT

tomografia computada (TC), TAC

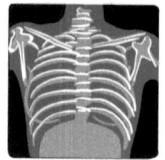

rentgen

raigs x

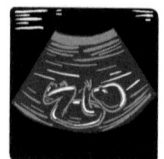

ultrasəs

ultrasò

maska

mascareta

xəstəlik

malaltia

gözləmə otağı

sala d'espera

qoltuqağacı

crossa

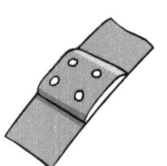

plaster

tireta

sarğı

embenat

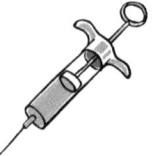

inyeksiya

injecció

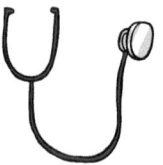

steteskop

estetoscopi

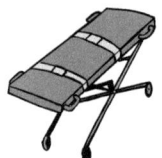

xərək

llitera

hərarətölçən

termòmetre clínic

doğum

pariment

çəki artıqlığı

sobrepès

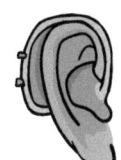

eşitmə aparatı

aparell auditiu

dezinfeksiyaedici

desinfectant

infeksiya

infecció

virus

virus

QİÇS

VIH / SIDA

tibb

medicina

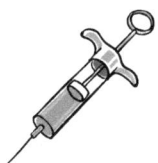

peyvənd

vaccí

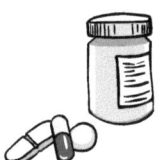

həblər

comprimits

həb

píl·lola

təcili zəng

trucada d'urgència

qan təzyiqini ölçmək üçün cihaz

tensiòmetre

xəstə / sağlam

malalt / sà

Kömək edin!

Socors!

həyəcan siqnalı

alarma

basqın

assalt

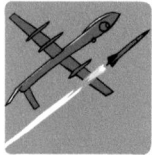

hücum

atac

təhlükə

perill

ehtiyat çıxışı

sortida-eixida d'urgència

Yanğın!

Foc!

odsöndürən

extintor

qəza

accident

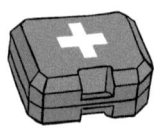

ilkin yardım qutus

farmaciola de primers
auxilis

SOS

SOS

polis

policia

Avropa

Europa

Şimali Amerika

Amèrica del Nord

Cənubi Amerika

Amèrica del Sud

Afrika

Àfrica

Asiya

Àsia

Avstraliya

Austràlia

Atlantik

Atlàntic

Sakit Okean

Pacífic

Hind okeanı

Oceà Índic

Antarktika Okeanı

Oceà Antàrtic

Şimal Buzlu okeanı

Oceà Àrtic

Şimal qütbü

pol nord

Cənub qütbü
pol sud

Antarktika
Antàrtida

Yer kürəsi
terra

ölkə
país

dəniz
mar

ada
illa

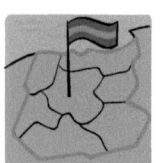

millət
nació

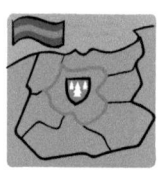

dövlət
estat

siferblat

quadrant

saat əqrəbi

agulla de les hores

dəqiqə əqrəbi

agulla dels minuts

saniyə əqrəbi

agulla dels segons

Saat neçədir?

Quina hora és?

gün

dia

vaxt

temps

indi

ara

rəqəmsal saat

rellotge digital

dəqiqə

minut

saat

hora

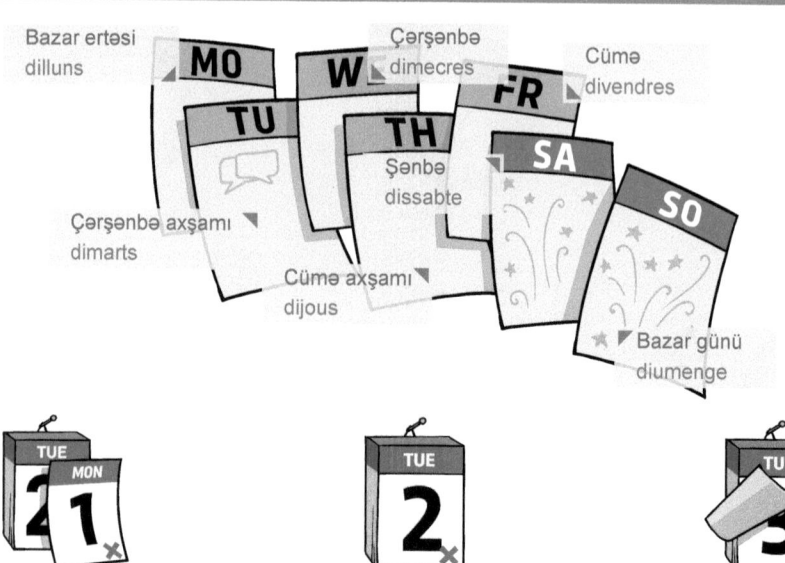

Bazar ertəsi
dilluns

MO

Çərşənbə
dimecres

W

Cümə
divendres

FR

TU

TH

SA

Şənbə
dissabte

SO

Çərşənbə axşamı
dimarts

Cümə axşamı
dijous

Bazar günü
diumenge

dünən
....
ahir

bugün
....
avui

sabah
....
demà

səhər
....
matí

günorta
....
migdia

axşam
....
tarda

iş günü
....
dia feiner

həftə sonu
....
cap de setmana

yağış
pluja

göy qurşağı
arc de Sant Martí

külək
vent

qar
neu

yaz
primavera

payız
tardor

yay
estiu

qış
hivern

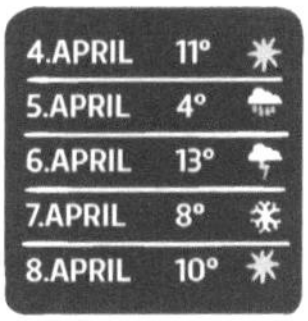

4.APRIL	11°	☀
5.APRIL	4°	
6.APRIL	13°	
7.APRIL	8°	☀
8.APRIL	10°	☀

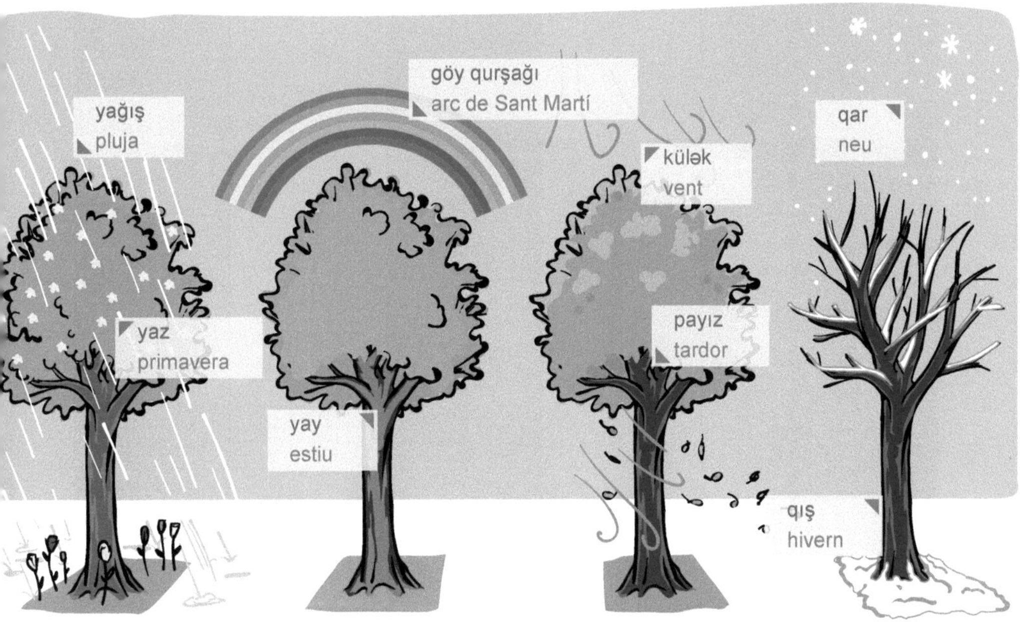

hava proqnozu

pronòstic del temps

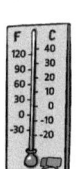

termometr

termòmetre

güneş işığı

llum del sol

bulud

núvol

duman

boira

rütubət

humiditat de l'aire

ildırım
llamp

göy gurultusu
tro

fırtına
tempesta

dolu
calamarsa

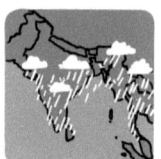

musson
monsó

daşqın
inundació

buz
gel

yanvar
gener

fevral
febrer

mart
març

aprel
abril

may
maig

iyun
juny

iyul
juliol

avqust
agost

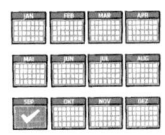

sentyabr
....
setembre

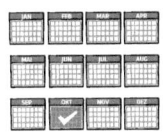

oktyabr
....
octubre

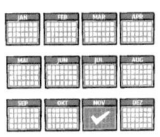

noyabr
....
novembre

dekabr
....
desembre

dairə
....
cercle

kvadrat
....
quadrat

düzbucaqlı
....
rectangle

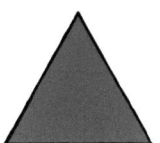

üçbucaq
....
triangle

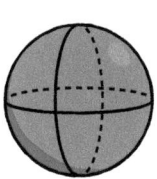

kürə
....
esfera

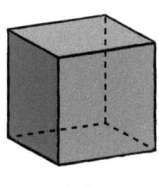

kub
....
cub

ağ
blanc

sarı
groc

narıncı
taronja

çəhrayı
rosa

qırmızı
vermell

bənövşəyi
lila

mavi
blau

yaşıl
verd

palıdı
marró

boz
gris

qara
negre

çox / az

molt / poc

qeyzli / sakit

emprenyat / tranquil

yaraşıqlı / eybəcər

bonic / lleig

başlanğıc / son

començament / fi

böyük / kiçik

gran / petit

işıqlı / qaranlıq

clar / fosc

qardaş / bacı

germà / germana

təmiz / kirli

net / brut

tam / natamam

complet / incomplet

gündüz / gecə

dia / nit

ölü / diri

mort / viu

geniş / dar

ample / estret

yemeli / yeyilməyən

comestible / immenjable

hirsli / mehriban

dolent / amable

həyəcanlı / bezmiş

entusiasmat / entediat

kök / arıq

gros / prim

ilk / son

primer / darrer

dost / düşmən

amic / enemic

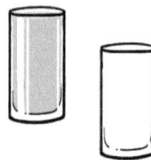

dolu / boş

ple / buit

sərt / yumşaq

dur / tou

ağır / yüngül

pesant / lleuger

aclıq / susuzluq

gana / set

xəstə / sağlam

malalt / sà

qanunsuz / qanuni

il·legal / legal

ağıllı / axmaq

intel·ligent / ximple

sol / sağ

esquerra / dreta

yaxın / uzaq

prop / llunyà

yeni / istifadə edilmiş

nou / usat

heç bir şey / bir şey

res / quelcom

qoca / gənc

vell / jove

açma / bağlama

encès / apagat

açıq / bağlı

obert / tancat

sakit/ bərk

silenciós / sorollós

varlı / kasıb

ric / pobre

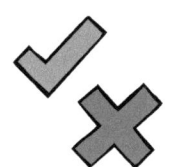

düzgün / səhv

correcte / incorrecte

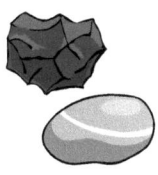

kobud / hamar

aspre / suau

kədərli / xoşbəxt

trist / content

qısa / uzun

curt / llarg

yavaş / sürətli

lent / ràpid

yaş / quru

humit / sec - eixut

isti / sərin

calent / fred

müharibə / sülh

guerra / pau

0	1	2
sıfır	bir	iki
zero	u	dos

3	4	5
üç	dörd	beş
tres	quatre	cinc

6	7	8
altı	yeddi	səkkiz
sis	set	vuit

9	10	11
doqquz	on	on bir
nou	deu	onze

12

on iki

dotze

13

on üç

tretze

14

on dörd

catorze

15

on beş

quinze

16

on altı

setze

17

on yeddi

disset

18

on səkkiz

divuit

19

on doqquz

dinou

20

iyirmi

vint

100

yüz

cent

1.000

min

mil

1.000.000

milyon

milió

İngilis dili

anglès

İngilis dilinin amerikan variantı

anglès americà

Çin dilinin Mandarin dialekti

xinès mandarí

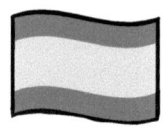

Hind dili

hindi

İspan dili

espanyol

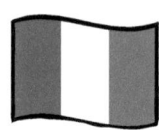

Fransız dili

francès

Ərəb dili

àrab

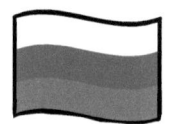

Rus dili

rus

Portuqal dili

portuguès

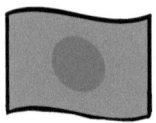

Benqal dili

bengalí

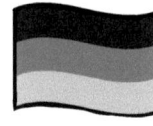

Alman dili

alemany

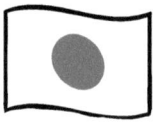

Yapon dili

japonès

mən

jo

sən

tu

o / o / o

ell / ella / allò

biz

nosaltres

siz

vosaltres

onlar

ells

kim?

qui?

nə?

què?

necə?

com?

harada?

on?

nə zaman?

quan?

ad

nom

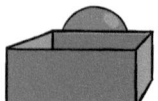

arxadan
darrere

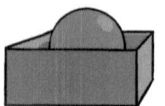

içində
en

qarşısında
davant de

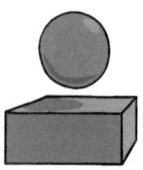

üzərində
damunt

dair
sobre

altında
sota

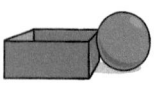

yanaşı
al costat

arasında
entre

yer
lloc